GOLDIE
SONG
LYRIC BY
ALEX SULLIVAN
MUSIC BY
LYNN COWAN
6
Jerome H. Remick & Co
NEW YORK
DETROIT

001

A SIGNAL FROM MARS.
MARCH
AND
TWO STEP
by
RAYMOND TAYLOR
Arranged by
E.T. PAULL
5
SIMPLIFIED. 4
FOUR HANDS. 10
NEW YORK
PUBLISHED BY E.T. PAULL MUSIC CO. 243 WEST 42nd ST

002

THE TANGO
TWO
STEP
by
Joe
Jordan
Published for
Band & Orchestra
WILL ROSSITER
EDNA LONGEST

003

The Original
CHARLESTON
UKULELE
WORDS AND MUSIC BY
CECIL MACK
AND
JIMMY JOHNSON
HARMS

005

006

007

008

009

010

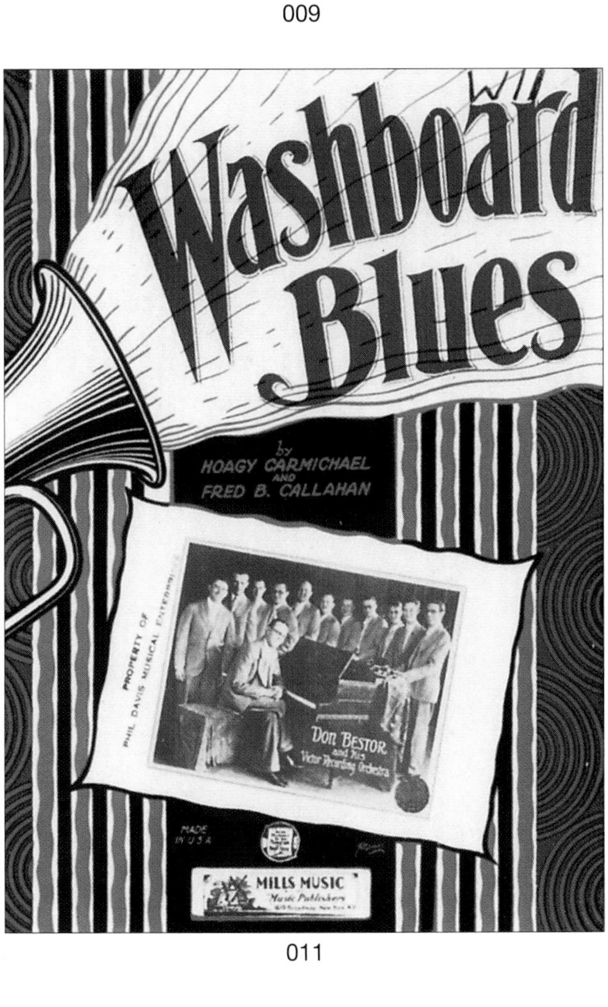

011

012

013

014

015

016

017

018

019

020

021

022

023

024

025

026

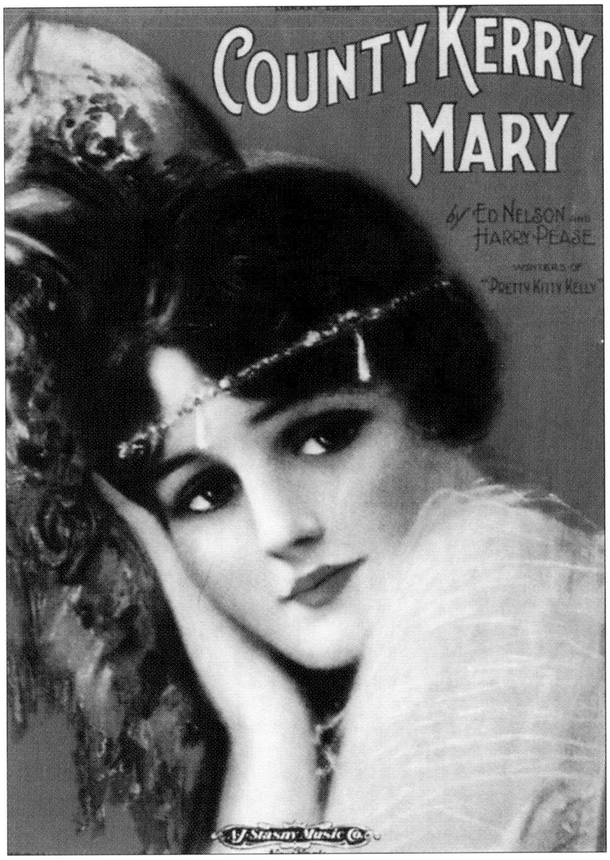

027

028

029

030

031

032

033

034

035

036

037

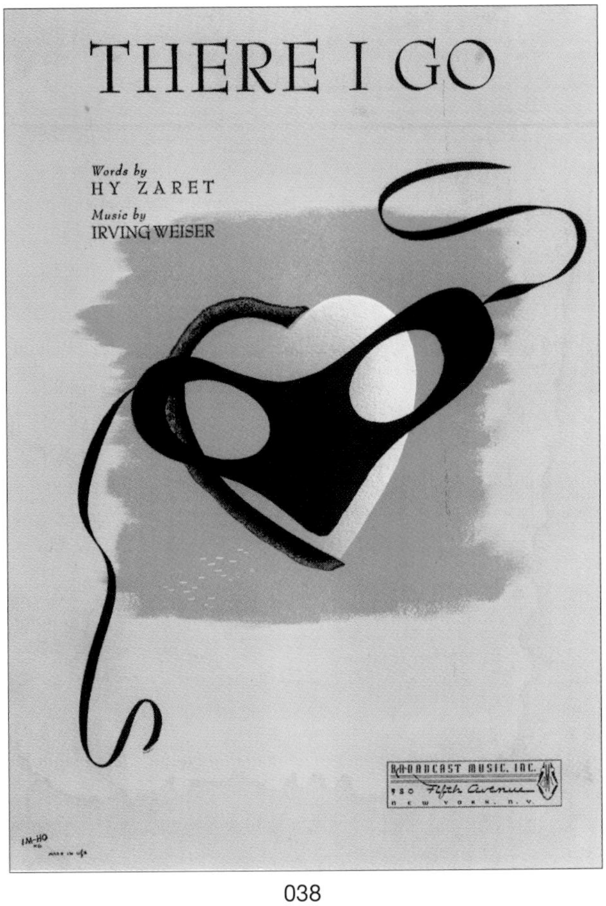

038

039

040

041

042

043

044

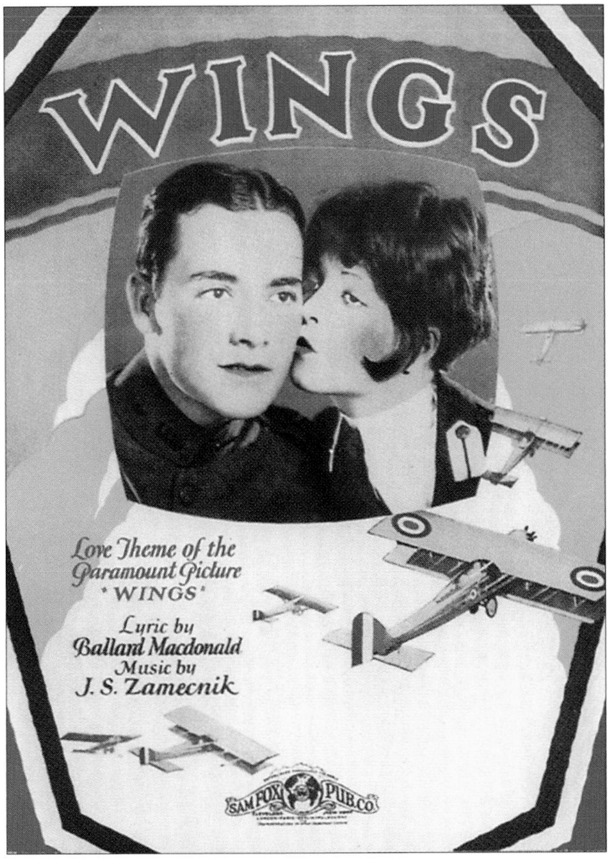

045

046

047

048

049

050

051

052

053

054

055

056

057

058

059

060

061

062

063

064

065

066

067

068

069

070

071

072

073

074

075

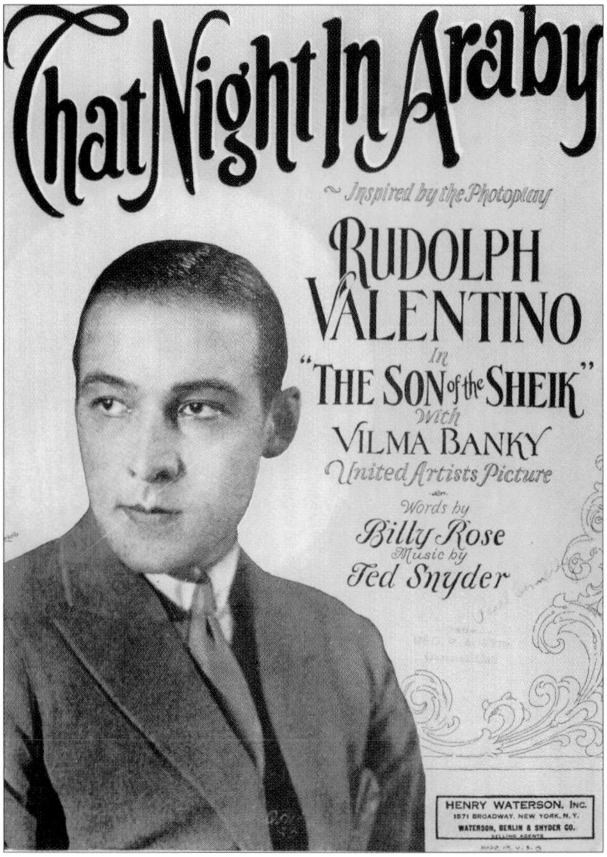

076

077

078

079

080

081

082

083

084

085

086

087

088

089

090

091

092

093

094

095

096

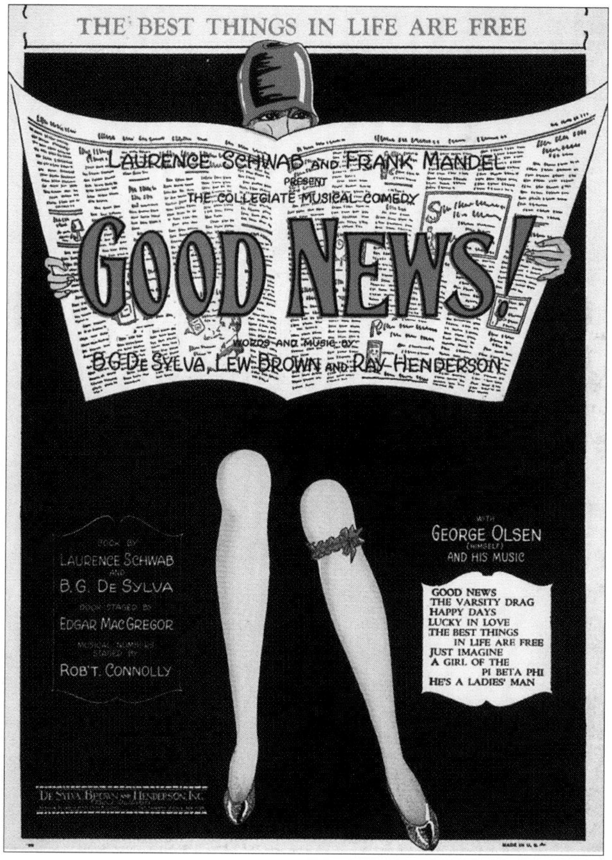

097

098

099

100

101

102

103

104

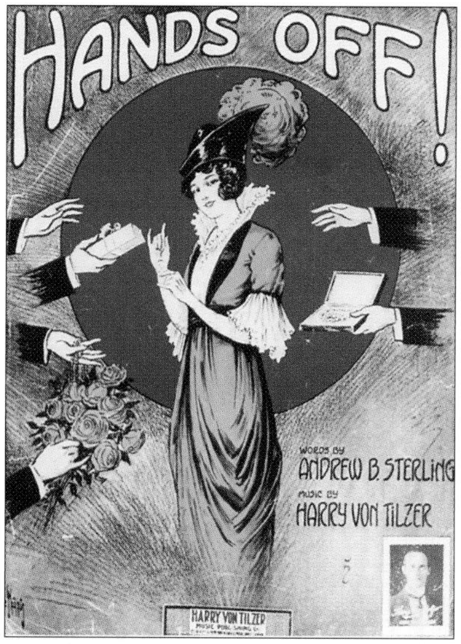

105

106

107

108

109

110

111

112

113

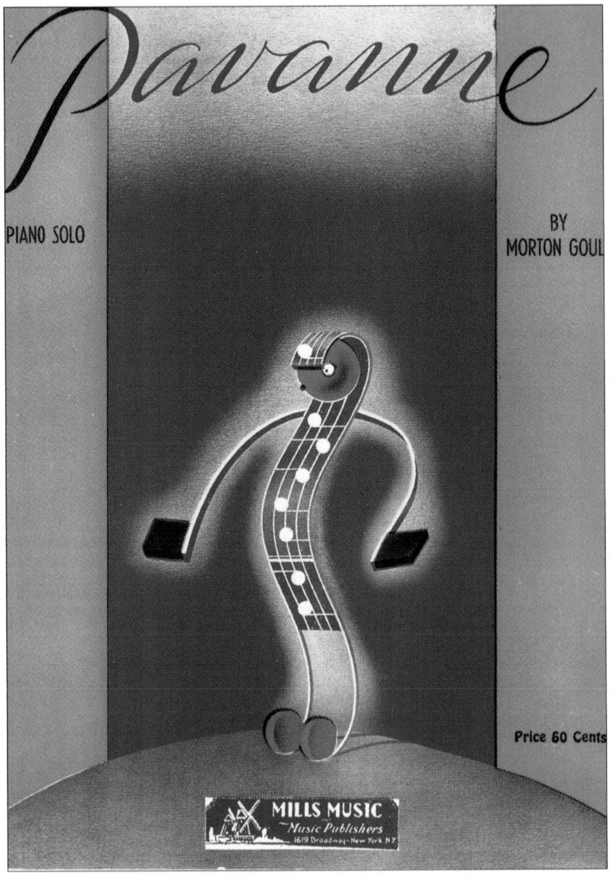

114

115

116

117

118

119

120

121

122

123

124

125

126

127

128

129

130

131

132

133

134

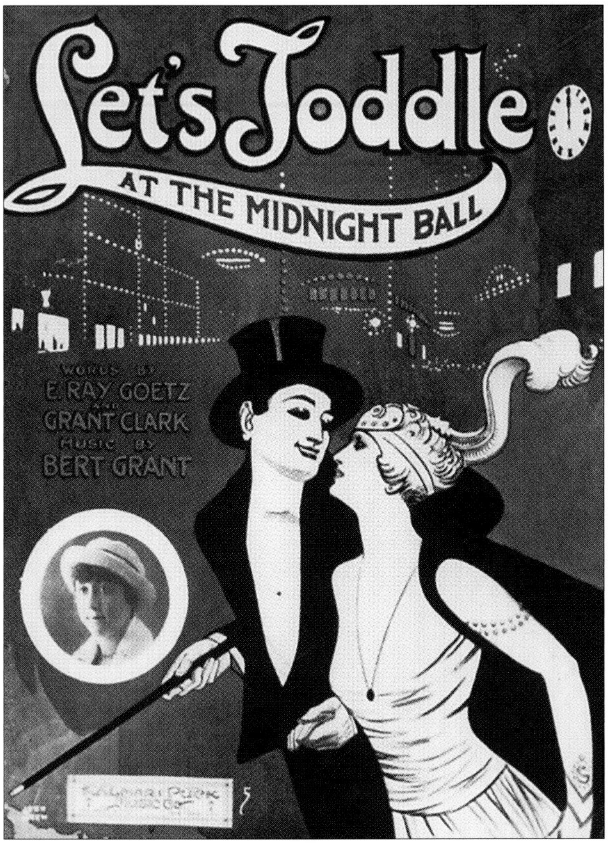

135

136

137

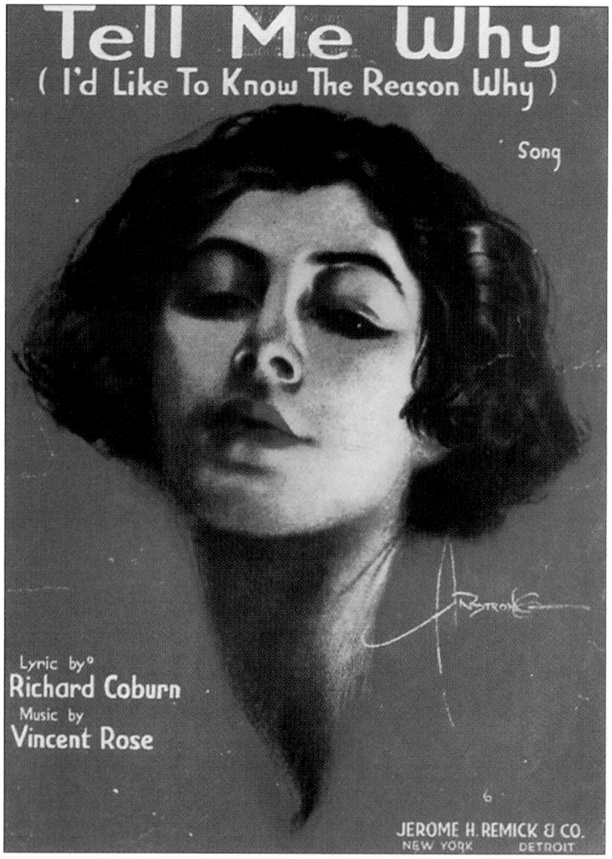

138

139

140

141

142

143

144

145

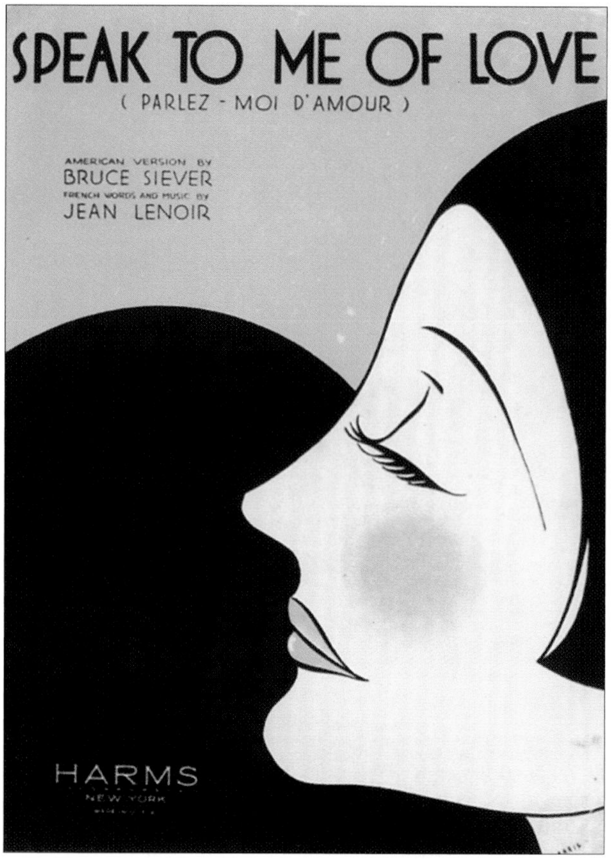

146

147

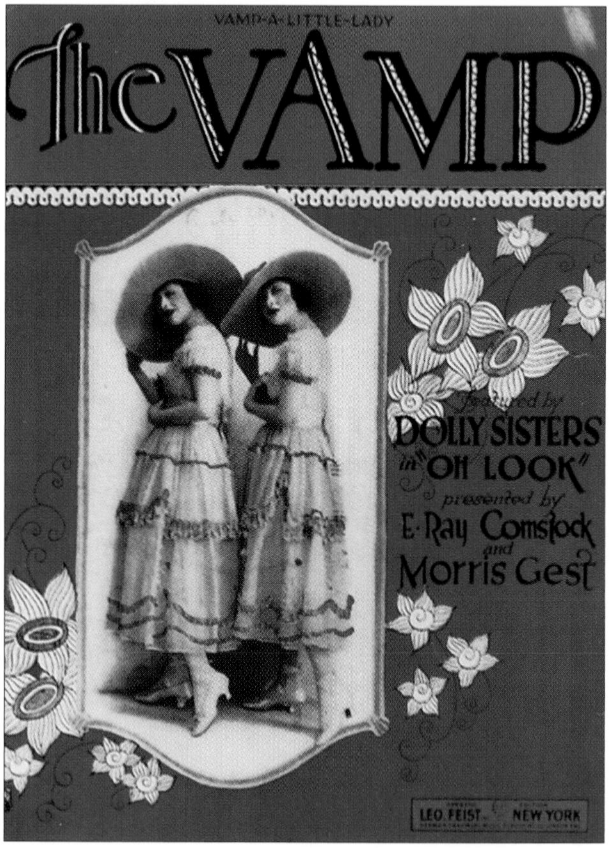

148

149

150

151

152

153

154

155

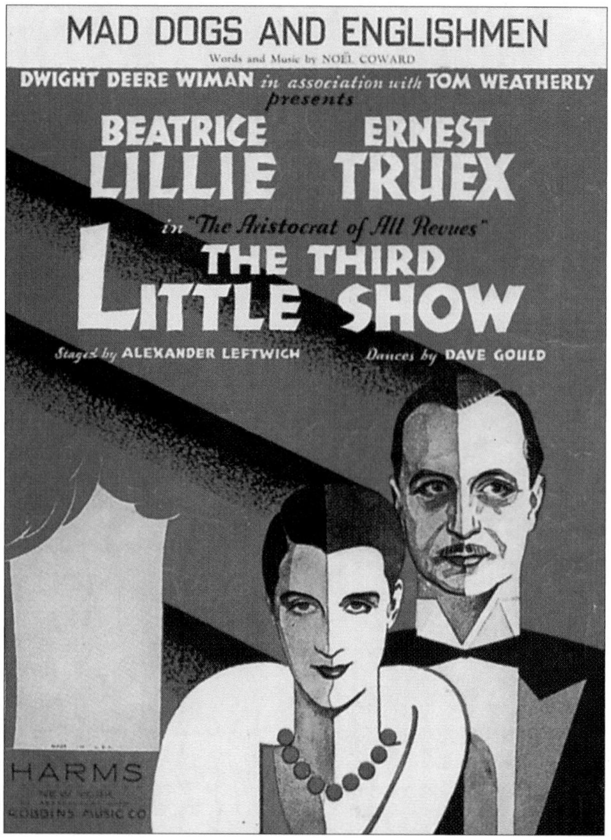

156

157

158

159

160

161

162

163

164

165

166

167

168

169

170

171

172

173

174

175

176

177

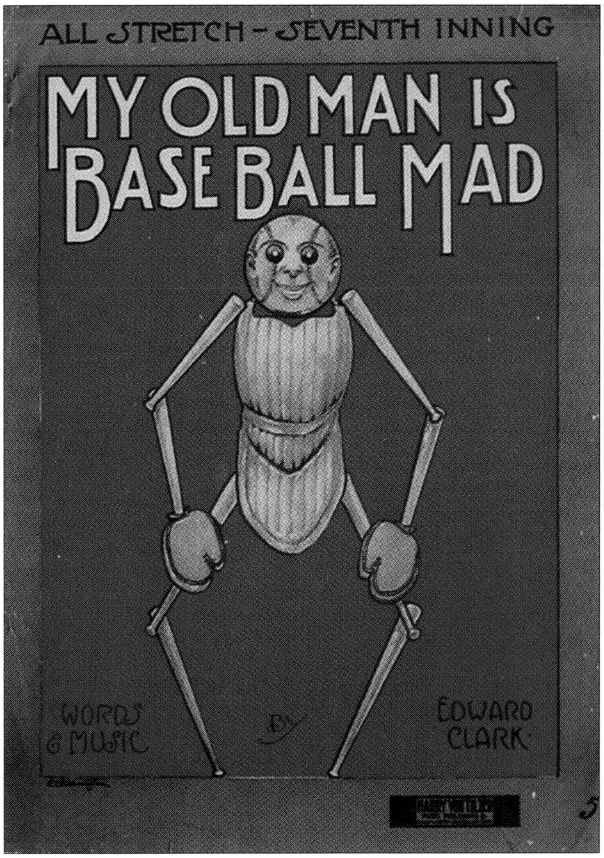

178

179

180

181

182

183

184

185

186

187

188

189

190

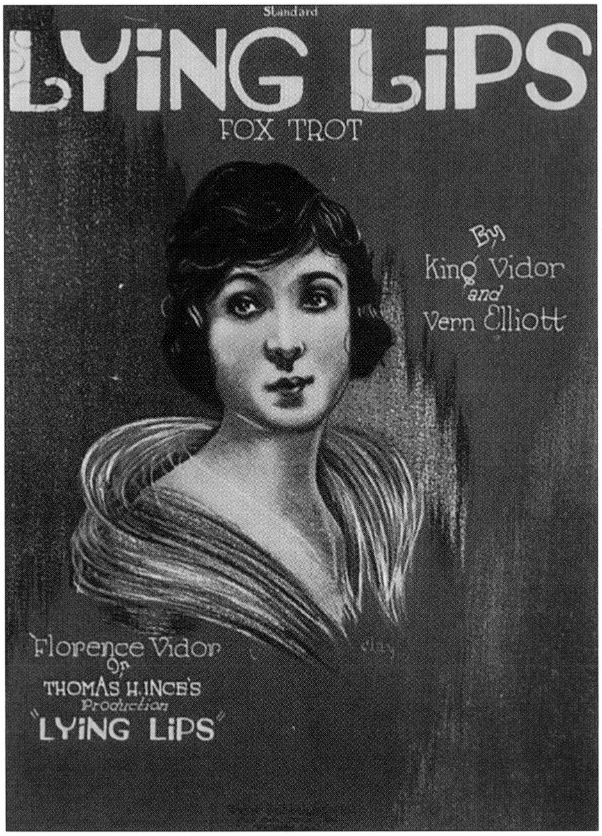

191

192

193

194

195

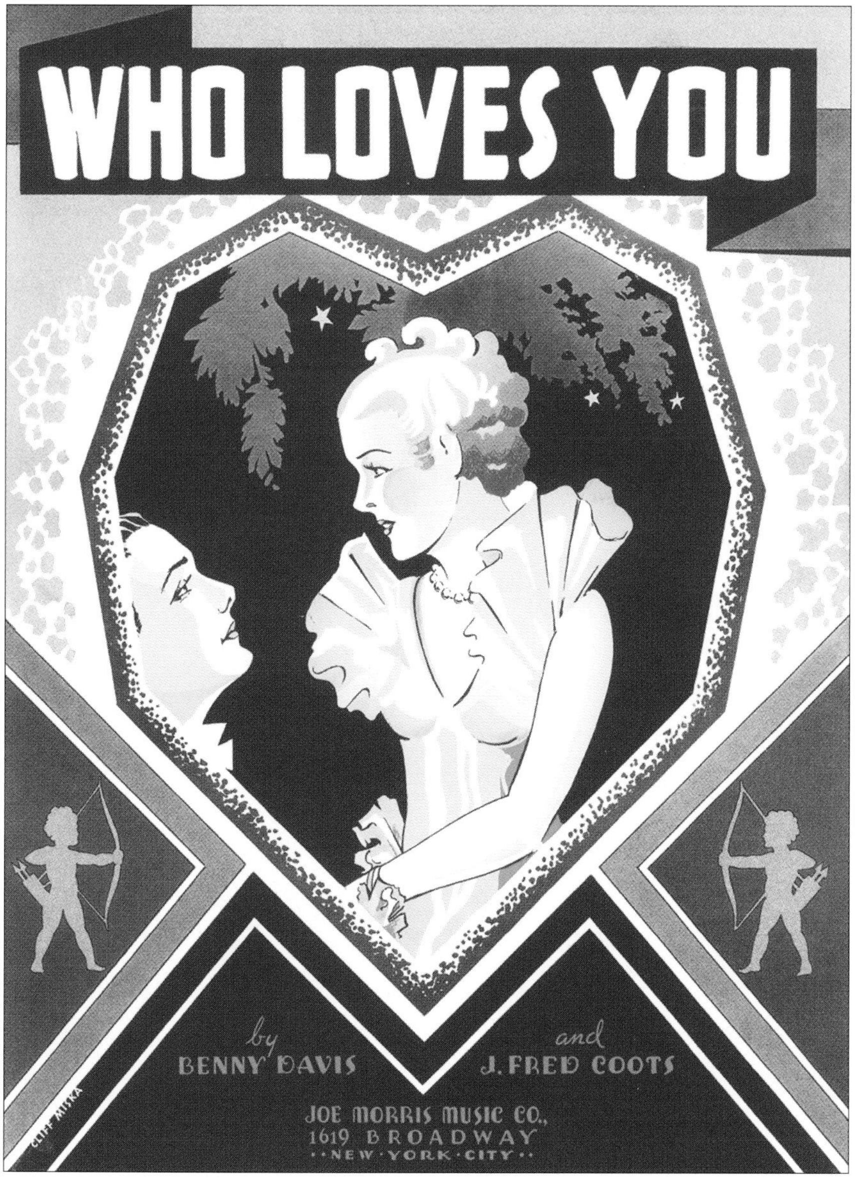

196

197

198

199

200

201

202

203

204

205

206

207

208

209

210